BAD LIEBEN/STEIN

Fotos

DIETER DEMME

Text

HARRY GERLACH / IRMGARD PROKOP

Urania-Verlag Leipzig · Jena · Berlin

Herausgeber
OMR DR. MED. REINHARD SOBANSKI

Einband:
Haus Feodora (vorn)
Kuppel des Klubhauses in der Ernst-Thälmann-Straße (hinten)

Demme, Dieter:
Bad Liebenstein / Fotos: Dieter Demme. Text:
Harry Gerlach ; Irmgard Prokop. – 1. Aufl. –
Leipzig ; Jena ; Berlin : Urania-Verlag, 1989
– 96 S. : 71 Ill. (farb.)
ISBN 3-332-00307-0
NE: Gerlach, Harry: ; Prokop, Irmgard:

ISBN 3-332-00307-0

1. Auflage 1989

VLN 212-475 · LSV 521 9
Buchgestaltung: Hans-Jörg Sittauer
Printed in the German Democratic Republic
Gesamtherstellung: Druckerei Fortschritt Erfurt
Best.-Nr.: 654 336 9
01200

GELEITWORT

Wissen um einen Ort und seine Geschichte vermittelt Beziehung, Bilder prägen sich der Erinnerung ein. Fotografie eröffnet neue Blickwinkel, zeigt Bekanntes aus anderer Sicht, weckt Neugier.

Mit dem vorliegenden Buch soll sich ein Wunsch vieler Freunde und Gäste Bad Liebensteins erfüllen: die Darstellung des ältesten Kurortes Thüringens – einst Badeort der Privilegierten, heute Volksheilbad.

Aufgrund seiner günstigen klimatischen Lage, der landschaftlichen Schönheit, der reinen Waldluft und der reichlichen Schüttung der eisen- und mineralhaltigen Kohlensäurequellen entwikkelte sich Bad Liebenstein zu einem weit über Thüringen hinaus bekannten Heilbad. Bad Liebenstein war Sommerresidenz der Meininger Herzöge. Die im Kurzentrum gelegenen, aus dem 19. Jahrhundert stammenden Gebäude, wie das Kurhaus, das Theater und das als Palais Weimar erbaute heutige Kulturhaus, prägen das architektonische Bild der Stadt.

Ein neues Kapitel in der Geschichte des Kurortes begann, als am 30. Januar 1947 der Thüringer Landtag auf Antrag der SED-Fraktion die Unterbringung von Werktätigen in den Heilbädern beschloß. Mit dem Gesetz vom 30. Mai 1947 gingen die Heilquellen und Einrichtungen des Bades in Volkseigentum über.

Heute ist die 28tägige, kostenlos und zusätzlich zum Urlaub gewährte Heilkur Ausdruck sozialistischer Gesundheitspolitik. In Bad Liebenstein erholen sich jährlich 14500 Patienten – rund ein Viertel aller Kurpatienten, die in der DDR eine Herz-Kreislaufkur erhalten. Moderne Diagnostik- und Therapieabteilungen sowie die speziellen Kenntnisse und Erfahrungen der Ärzte und des gesamten medizinischen Personals bei der Rehabilitation von Herz-Kreislauf-Erkrankungen geben die Gewähr, nach modernen medizinischen Grundsätzen behandelt zu werden.

Die komplexe Kurorttherapie umfaßt neben Balneotherapie, Physiotherapie, konditionierenden Maßnahmen, wie Gymnastik, Therapiesport, Schwimmen und ausgedehnten Wanderungen, auch Komponenten der psychischen Entspannung. Die Herauslösung aus dem familiären und beruflichen Milieu und das vertrauensvolle Gespräch schaffen eine neue Sicht, geben Gelegenheit, Konflikte zu überdenken und neu zu bewerten. Auch geistige Beschäftigung und kulturelles Erleben tragen zum Kurerfolg bei. Besinnung, Zeit zur Entspannung, Freude an einer landschaftlich schönen Umgebung können Modellcharakter für eine zukünftige Lebenseinstellung gewinnen.

Die Atmosphäre des Kurortes Bad Liebenstein in stimmungsvollen Bildern einzufangen und mit allgemein interessierenden Informationen zu versehen, ist das Anliegen dieses Buches.

Bilder von einprägsamer Ausdruckskraft und Schönheit gelangen dem Fotografiker und Bildreporter Dieter Demme. Herr Harry Gerlach als Kenner Bad Liebensteins stellte sein umfangreiches Wissen für den Text zur Verfügung, der von Frau Irmgard Prokop aufbereitet und diesem Buch angepaßt wurde. Herr Hans-Jörg Sittauer als Gestalter sorgte für das ästhetische Arrangement.

Besonderer Dank gilt Herrn Horst Bullan, Direktor der Verlagsgruppe Urania. Seine Tatkraft und sein kritisches Interesse waren dem Vorhaben in hohem Maße förderlich.

Bad Liebenstein,
im Dezember 1988

OMR DR. MED. REINHARD SOBANSKI
Ärztlicher Direktor
des Volksheilbades
Liebenstein

DAS VOLKSHEILBAD LIEBENSTEIN. Bad Liebenstein, ein klangvoller Name in unserem Lande und über dessen Grenzen hinaus, ein Name, mit dem sich Hoffnungen auf Genesung – dank moderner Kureinrichtungen – und die Gewißheit eines Aufenthaltes in einer zu jeder Jahreszeit reizvollen Landschaft auf das glücklichste verbinden. Und es lohnt sich, diese schöne Gegend, eine Perle des Thüringer Waldes, in Wort und Bild einem größeren Leserkreis und natürlich unseren verehrten Gästen vorzustellen. Liebenstein hat seit der gezielten Nutzung der heilkräftigen Quelle zu Anfang des 17. Jahrhunderts eine recht wechselhafte Entwicklung genommen, für historisch Interessierte wurde sie in diesem Buch in den Grundzügen aufgezeichnet.

Im Oktober 1988 hatte die Stadt allen Grund zum Feiern: Das Volksheilbad beging den 40. Jahrestag seines Bestehens. Die Bilanz dieser vier Jahrzehnte sei dem historischen Abriß vorangestellt, leistet sie doch einen prägenden Beitrag zur Geschichte des Kurortes. Nicht eine aristokratische oder später zahlungskräftige Minderheit kommt in den Genuß einer Kur in Bad Liebenstein, sondern es sind Werktätige, die sich den Anspruch auf Gesunderhaltung tagtäglich mit ihrer Arbeit verdienen. Die große Errungenschaft unseres sozialistischen Entwicklungsweges liegt in Liebenstein in der Öffnung der Kureinrichtungen für alle, die einer Kur bedürfen.

Es kostete nach 1945, da der Ort am 4. April den Amerikanern kampflos übergeben werden konnte und die sowjetischen Truppen ihn am 6. Juli übernahmen, noch viele Mühen, den Kurbetrieb 1946 wiederaufzunehmen und das Bad entgegen den angestrengten Winkelzügen der ehemaligen Inhaber in Volkseigentum zu überführen. Das Kurhaus war einer Brandkatastrophe zum Opfer gefallen, Dachstuhl und Mittelteil waren völlig zerstört, die übrigen Gebäudeteile stark in Mitleidenschaft gezogen. Kurpatienten mußten zum Teil in bescheidenen Privatquartieren untergebracht werden, es mangelte am Nötigsten.

Dank der Unterstützung durch die Sowjetische Militäradministration (Befehl Nr. 44), das ZK der SED und den Thüringer Landtag (Beschluß vom 30. 1. 1947) konnte die Sozialversicherungsanstalt Thüringens am 2. Oktober 1948 zum Festakt an-

D. O. M. A.

Tractatus Medicus Physicus
vnnd Historia/

Deß fürtrefflichen Casi-
mirianischen SawerBrunnen/
vnter Libenstein / nicht fern von
Schmalkalden gelegen.

WElchen der
Durchläuchtige Hochge-
borne Fürst vnnd Herr / Herr Jo-
hann Casimir / Hertzog zu Sachssen/
Gülich/Cleve vnd Berg/ Landgraff in Düringen/
Marggraff zu Meichssen/Graff in der Marck vnd
Ravensburgk/Herr zu Ravenstein/Durch verordente sei-
ner Gnaden Medicos/ Physicos / besichtigen probiren/
vnd durch Baw- vnd Brunnenmeister zu bequemen
brauch anzurichten/anfangen lassen.

Durch ANDREAM LIBAVIUM M.D.
vnd deß Fürst: Sächs: Gymnasii zu Coburgk
Directorem. Investigirt, Iudicirt,
vnnd beschrieben.

Getruckt zu Coburgk in der Fürst: Truckerey.
Anno Christi, M DCX.

Die erste Brunnenschrift in Thüringen (1610)

läßlich der Eröffnung des Klubhauses in der Ernst-Thälmann-Straße einladen und dort erstmals den Begriff »Volksheilbad Liebenstein« – schwarz auf weiß in der Einladung – allen Anwesenden zur Kenntnis geben. Jenny Matern, Staatssekretär für Arbeit und Soziales, betonte: »Im Mittelpunkt des Kurbetriebes wird in Zukunft allein und ausschließlich der durch seine Leiden aus dem Schaffensprozeß ausgeschlossene Mensch oder der nach einem arbeitsreichen Leben mit Gesundheitsbeschwerden belastete Kranke stehen.«

So ist heute kaum noch nachvollziehbar, wie vieler Anstrengungen es bedurfte, die Anzahl der sozialversicherten Patienten von 2100 im Jahre 1947 auf 4600 im Folgejahr zu erhöhen. Die Kosten für Unterkunft, Verpflegung, Arztbesuche, Kurmittel, Medikamente sowie An- und Abreise übernahm die Sozialversicherung, summiert 1,3 Mio Mark. Bereits 1951 wurde mit fast 11 700 Kuren der Vorkriegsstand übertroffen und das Bad ganzjährig ausgelastet, bei einer Bettenkapazität von 700, 300 mehr als im Vorjahr. Bis heute wurden mehr als eine halbe Million Patienten in den Einrichtungen des Volksheilbades medizinisch versorgt. Diese Zahl spricht bei weitem nicht nur für die Anziehungskraft des Kurortes, sondern vor allem auch für das in diesem Zeitraum gewonnene Niveau an gebotener Leistung.

Schon 1955 wurde für die inzwischen selbständige medizinische Kureinrichtung ein Ärztlicher Direktor berufen. Die Spezialisierung auf Herz-Kreislauf-Erkrankungen setzte verstärkt ein, so daß seit 1958 Patienten aus Universitätskliniken und Medizinischen Akademien durch Direktüberweisung in Bad Liebenstein Aufnahme finden können. Die Voraussetzung dafür bildete die Einrichtung des Kurhauses als Sanatorium mit Krankenstation. Heute werden dort Patienten eingewiesen, die einen Herzinfarkt erlitten haben oder sich einer Herzoperation unterziehen mußten. Hierfür stehen im Diagnostik- und Therapiegebäude, dessen Bau von 1961 bis 1963 erfolgte, gleichermaßen moderne Untersuchungseinrichtungen der Röntgen- und Labordiagnostik, die EKG-Abteilung sowie eine umfangreiche wissenschaftliche Bibliothek und das Archiv zur Verfügung – alles in allem Basis für die Festlegung einer abgestimmten und wirkungsvollen

Therapie. Es werden CO_2-Bäder verabreicht und andere hydrotherapeutische Maßnahmen durchgeführt. Abteilungen für Elektrokardiotherapie und Psychotherapie, Räume für Ultraschallbehandlung und Massage sowie ein großer Gymnastiksaal sind in dem weitläufigen Gebäude untergebracht – und natürlich Ruheräume. Wenn der Kurpatient ein solches Tagespensum absolviert hat, hält sich weiterer Tatendrang oft in Grenzen. Vor dem Therapiegebäude mit seinen herzpatientenfreundlichen Treppenaufgängen verbreitet die »Badende«, eine Bronzeplastik des Berliner Bildhauers René Graetz, ästhetische Kuratmosphäre, die durchaus einen Bestandteil des Kurkonzepts bildet.

Als für die Versorgung wichtige betriebseigene Objekte seien das Gasheizwerk, die Wäscherei, die Gärtnerei und die Trinkwasseranlage genannt. Die Mineralwasserförderung ist für die Behandlung außerordentlich wichtig. Aus der Schwarzbach-Quelle wird das Wasser in zwei Hochbehälter mit einem Fassungsvermögen von je 200 m^3 gepumpt. Reserven haben die in den Jahren von 1978 bis 1981 niedergebrachten Bohrungen erschlossen. 1965 wurde ein Speisesaalanbau an das Sanatorium »Hugo Gefroi« fertiggestellt. Fünf Küchen liefern die Speisen, die von Diätassistentinnen entsprechend den verschiedenen Krankheitsgruppen zusammengestellt werden.

Seit 1969 erhöhte sich in Zusammenarbeit mit Kliniken in Berlin, Leipzig, Halle, Erfurt und Bad Berka sowie mit Bezirkskrankenhäusern in Meiningen, Gera und Suhl die Anzahl der Direktkuren auf den Gebieten der Angiologie und der kardiologischen Rehabilitation. In der Herz-Kreislauf-Therapie haben sich im Laufe der letzten zwei Jahrzehnte die Behandlungsmethoden verändert. Trinkkuren werden schon seit Mitte der sechziger Jahre nicht mehr verordnet, und auch der Mineralwasserversand wurde eingestellt. Noch vor wenigen Jahren durfte sich der Herzkranke keinesfalls körperlich fordern. Der Liebensteiner Burgberg stellte eine geradezu tödliche Gefahr für den Kurgast dar, der doch zu gern einmal von der Burg ins Tal geschaut hätte ... Heute regen die Ärzte den Patienten an, für seine Gesundheit aktiv zu werden – natürlich unter ärztlicher Kontrolle, d. h. in der individuell verträglichen Dosis. Durch Bewegung sollen Kreislauf und Herzmuskel trainiert werden, die herkömmlichen Behandlungsmethoden, Medikamente, Bäder, Massagen, unterstützen diesen Prozeß. So erhalten die Patienten Gelegenheit, sich auf speziell gekennzeichneten Wegen dosierten und kontrollierten Belastungsproben zu unterziehen. Alle drei Terrainwege, je nach Schwierigkeitsgrad mit rotem, grünem oder weißem Punkt markiert, beginnen und enden am Kurhaus. Fünf Pulskontrollstellen auf jeder dieser Strecken ermöglichen es, den individuellen Belastungspuls zu ermitteln und die gewonnene Kondition zu überprüfen.

Die ärztlich verordnete Bewegungstherapie findet aber auch – wiederum je nach Belastbarkeit – in anderen Bereichen statt: in von Sportlehrern geleiteten Sportgruppen, in speziellen Gymnastikgruppen oder in Therapieschwimmgruppen unter der Obhut von Physiotherapeuten, über künstlerisch gestaltende Arbeitstherapie oder als Velomedtraining. Das physische Training, Diätverordnungen und alle anderen Behandlungsmaßnahmen sind auf die Leistungsfähigkeit des einzelnen Patienten abgestimmt, zu denen als nicht wegzudenkende Faktoren auch die psychische Rehabilitation, die Stärkung des Selbstvertrauens gehören.

Die Therapie hat über den unmittelbaren Kuraufenthalt hinaus das Ziel, zu gesundheitsbewußtem Leben anzuregen. Die während der Kur gefaßten und als bekömmlich erfahrenen guten Vorsätze gilt es, auf den Alltag zu Hause zu übertragen und weiterhin umzusetzen. Kurz, es kommt nicht allein darauf an, mit allen verfügbaren modernen Mitteln zu diagnostizieren und zu kurieren, sondern auch darauf, die innere Stärke des Menschen zu fördern, einen Beitrag zu einer erhöhten Verantwortung für die eigene Gesundheit zu leisten.

Nach der Übergabe des Therapiegebäudes und der Übernahme des Kliniksanatoriums »Hugo Gefroi« 1963 wurde ein Jahrzehnt später, bis 1975, mit einem Kostenaufwand von 1 Mio Mark das Kurtheater rekonstruiert. Das ehemalige Kurheim Charlotte öffnete 1978, nach Schönheitskur neu ausgestattet, als Kurheim Albert Schweitzer seine Pforten, im selben Jahr wurde die rekonstruierte, nun heizbare Wandelhalle übergeben. Ihre hervorragende Akustik hebt seitdem ganzjährig den Kunstgenuß musikalischer Darbietungen. Die Brunnenplastik »Schwebendes Paar« von Wolfgang Rommel (Kühndorf) wurde aufgestellt. Von ihm stammt auch die Wandkeramik »Kurleben« in der Eingangshalle des Therapiegebäudes.

Das Kliniksanatorium »Hugo Gefroi«, in dem Patienten mit peripheren Durchblutungsstörungen untergebracht sind, wurde 1979/80 erneuert und baulich erweitert. 1981 und 1987 kamen modern gestaltete Saunen hinzu, Saunabaden hat sich als vorzügliches Gefäßtraining bewährt.

Die Therapieschwimmhalle nach dem Projekt des Suhler Architekten Kurt Friedrich wurde 1984 übergeben, das Wandbild »Quelle und Sonne« schufen Volker Träger (Freiberg) und Klaus Neugebauer (Karl-Marx-Stadt). Die Schwimmhalle steht mit ihrem 18 m mal 8 m großen und 1,30 m tiefen Becken auch den Schülern aus Bad Liebenstein, Schweina und Steinbach für den Schwimmunterricht offen. Die Wassertemperatur beträgt 28 °C. Abends nutzen die Liebensteiner und die Mitarbeiter des Bades Schwimmhalle und Sauna.

1985 erfolgte die Rekonstruktion des 1951 aufgekauften und zwischenzeitlich als Kindersanatorium genutzten »Haus Thüringen«. Bekanntlich hängen von der Gestaltung eines Hauses und seiner Räumlichkeiten wesentlich das Wohlbefinden der Patienten und damit der Kurerfolg ab. Das gleiche gilt für einen Kurort. Zur Verschönerung Bad Liebensteins im Sinne der Denkmalpflege trugen Fassadengestaltungen bei, wie die am Therapiegebäude, an Kurhaus, Kurtheater und Klubhaus in der Ernst-Thälmann-Straße (dem alten Palais Weimar), den Kurheimen Edelweiß und Olga sowie dem Sanatorium »Hugo Gefroi«.

Unterhalb des Elisabethparkes entstand der Rosengarten, ein Kleinod Bad Liebensteins. 6320 Rosenstöcke in 30 Sorten bilden mit den Grünflächen und Wegen ein ansprechendes Arrangement. Inzwischen kamen die »Tanzenden Kraniche«, eine Bronzeplastik des Freiberger Bildhauers NPT Gottfried Kohl, sowie der von Leipziger Kupferschmieden geschaffene Springbrunnen hinzu. Die reizvolle Anlage erfreut sich bei Kurgästen und Einwohnern großer Beliebtheit.

Das Liebensteiner Kulturhaus hat sich seit seiner Übergabe 1981 zum Mittelpunkt des Kulturlebens der Stadt entwickelt. 600 Plätze bietet der große Saal mit Bühne, weitere Räumlichkeiten stehen für Billard und Freunde des Kegelsports, für den Jugendklub und etwa 30 Interessengemeinschaften, wie die Kindertanzgruppe, die Liebensteiner Chöre oder die Anhänger des Schachspiels, zur Verfügung. Es ist Treffpunkt der Ornithologen, Aquarianer, Numismatiker, Philatelisten, aber auch vieler Kinder in der Kinderbibliothek. Die Klub- und Zirkelräume werden von der rührigen Liebensteiner Ortsgruppe des Kulturbundes und anderen gesellschaftlichen Organisationen genutzt. Der Keramikzirkel gestaltete das Wandrelief in der Eingangshalle, und auch die geräumige und niveauvolle Gaststätte ist mit bemerkenswerten Keramiken ausgestattet.

Im Kulturhaus finden Ausstellungen und wissenschaftliche Kolloquien statt. Hier veranstalten das Zentralinstitut für Herz- und Kreislaufforschung der Akademie der Wissenschaften der DDR und das Volksheilbad Liebenstein ihre elektrokardiologischen Symposien. Tradition haben die Eberhard-Forth-Seminare mit der Technischen Hochschule Ilmenau, in denen es um die Anwendung der Rechentechnik in der Medizin und die Entwicklung technischer Systeme zur Herz-Kreislauf-Diagnostik geht. (Die rechnergestützte Terminplanung für die Behandlung der Patienten wurde ohne Zeitverluste eingeführt.) Das Kulturhaus Bad Liebenstein ist somit auch ein Begegnungsort der Wissenschaften. Ärzte des Volksheilbades treten mit wissenschaftlichen Beiträgen auf nationalen wie internationalen Tagungen hervor. Seit 1983 kooperiert das Bad auch mit dem Forschungsinstitut für Kurortwissenschaften der ČSSR in Mariánské Lázně. Von dort wurde die Therapie mit CO_2-Gasinjektionen bei Migräne, Kopfschmerzen und anderen Schmerzzuständen übernommen.

Die Leistungen der Mitarbeiter des Volksheilbades fanden wiederholt hohe Anerkennung. Drei der Ärztlichen Direktoren des Bades wurden mit dem Titel »Verdienter Arzt des Volkes«

ausgezeichnet: Dr. Swoboda, Dr. Echte und Dr. Sobanski. Hinzu kamen Ehrenurkunden des ZK der SED (1981) und des Ministers für Gesundheitswesen (1986). In fünf Chefarztbereichen wirken 23 Fachärzte, die zum Teil hier ihre Facharztausbildung absolviert haben. Etwa 50 Schwestern und 45 Physiotherapeuten sowie je 3 Psychologen und Sportlehrer sind für die Betreuung der Patienten da. Vier Diplomingenieure für Medizintechnik sorgen für technische Perfektion der Anlagen und Geräte. Zusätzlich zum Kurbetrieb erfolgen ambulante Leistungen in Diagnostik und Therapie für die Bevölkerung sowie die Patienten der beiden kircheneigenen Kurheime.

Doch viele Erfolge wären nicht möglich ohne Partner. Zu ihnen gehören das Bau- und Montagekombinat Erfurt, der VEB Robotron Sömmerda, das Porzellanwerk Kahla, die Technische Hochschule Ilmenau und der VEB Denkmalpflege Suhl. Auch die Liebensteiner Industriebetriebe seien an dieser Stelle genannt, sie produzieren Farbleuchtstoffe, Fahrradzubehör, Backwaren. Sie alle haben in vielfältiger Weise Leistungen erbracht, die der Stadt und dem Kurbetrieb zugute kommen.

In die medizinische Betreuung ist das kulturelle Angebot fest eingebunden, für das damals wie heute die Kurverwaltung zuständig war bzw. ist. Schlägt man die Kurinformation des Volksheilbades auf, so finden sich für jeden Tag zwei bis fünf Veranstaltungen, darunter Gastspiele des Meininger Theaters, Konzerte berühmter Solisten und des Kurorchesters, Auftritte von Volkskunstgruppen, des Männerchors des Volksheilbades oder des Frauensingkreises des Kulturbundes, Wanderungen, literarische Plaudereien, Reiseschilderungen und Lichtbildervorträge, eine Vielzahl populärwissenschaftlicher Foren, Tanzabende und Zauberschauen. Und schließlich hat der Kurgast endlich einmal Muße, Bücher zu lesen, auf die er lange neugierig war. Die Stadt- und Kurbibliothek garantiert reiche Auswahl.

Auch für die Einwohner lebt es sich gut in dieser gastlichen Stadt, wie an den gepflegten Wohngebieten, aber auch den vielen neugebauten, individuell gestalteten Einfamilienhäusern leicht zu erkennen ist. Außer zwei Milchbars und Cafés, 10 Stadt- und Ausflugsgaststätten sowie der neuen Kaufhalle gibt es hier die verschiedensten Geschäfte einschließlich Volksbuchhandlung und Blumenladen, die Gärtnerei nimmt Fleurop-Aufträge entgegen. Mehrere Salons betreibt die PGH Frisur, darunter einen für Kosmetik und Massage. Die für Autos zuständige PGH hat sich auf Wartburg und Trabant spezialisiert. Ein (modernisierungsbedürftiges) Kino hat Bad Liebenstein auch, es ist das bestbesuchte des gesamten Bezirkes. Der Besuchermagnet der Saison jedoch sind die Veranstaltungen des Surborner Carnevalsclubs »SCC«, Eintrittskarten sind heiß begehrt. Einen Anziehungspunkt für Touristen bildet der Reitstützpunkt mit 27 Haflingern, aber auch die gepflegte Tennisanlage der BSG Medizin steht Gästen offen.

Bad Liebenstein führt im Stadtwappen den Brunnentempel und das Fröbeldenkmal – Symbole für Betreuung und Erziehung. Für Betreuung sorgt außer den Kureinrichtungen das Krankenhaus (284 Betten) mit Abteilungen für Chirurgie, Innere Medizin, Kinderheilkunde und Intensivmedizin. Hinzu kommt die Poliklinik mit gut besetzter zahnärztlicher Abteilung. Das Zentrallabor wird vom Volksheilbad und den örtlichen Gesundheitseinrichtungen gemeinsam genutzt. Die Konzentration medizinischer Versorgung in Bad Liebenstein drückt allein schon diese Zahl aus: 58 der 4000 Einwohner der Stadt sind Ärzte ... Der Erziehung und Bildung widmen sich die POS »Rudolf Schwarz« und die Zentralhilfsschule des Kreises, untergebracht in den Gebäuden der ehemaligen erweiterten Oberschule, sowie die Medizinische Fachschule als Ausbildungsstätte für Krankenschwestern, Physiotherapeutinnen und Krippenerzieherinnen, und die Agraringenieurschule auf dem Altenstein, die Arbeitsschutzspezialisten für die Landwirtschaft qualifiziert.

Was Bad Liebenstein aber vor allem noch zu bieten hat, ist seine überaus reizvolle Umgebung.

Zur Burgruine Liebenstein ist es vom Stadtzentrum aus etwa 1 km Weg, wobei der Höhenunterschied sicher einige Schweißperlen treiben wird ... Doch die Anstrengung lohnt sich, vor allem bei klarer Sicht. Von der Aussichtsplattform der Burg bietet sich ein weiter Blick über das Werratal und die Thüringische Rhön. Allerdings reichen die 465 m Höhe nicht aus, um über den Thüringer Wald hinwegschauen zu können. Die Berge von Norden bis Osten sind allesamt 200 bis 400 m höher. Von der Burgruine ist es nicht weit zum Felsentheater, wo zweimal 35 Stufen zu ersteigen sind. Ein Stück des Weges, in der Südwestecke der Baumleite, lädt eine Bank zum Ausruhen ein. Der Blick fällt auf den Frauenberg (595 m), dahinter den Bommelhauk (685 m) und links die Zugfinkskuppe (575 m).

Der nächste markante Anlaufpunkt ist die Gaststätte Hubertushof, in deren Nähe zwei interessante Objekte zu besichtigen sind: das Getränksloch, von dem weiter unten noch die Rede sein wird, und der Haderkopf, der seiner geschützten Flora wegen als Flächennaturdenkmal deklariert ist und die Herzen der Botaniker höher schlagen läßt. Auf der Rast ist zu überlegen, ob man direkt oder über Steinbach nach Bad Liebenstein zurückkehrt.

Zu empfehlen ist auch ein Ausflug von Steinbach aus. Dort führt beim Skilift ein Weg am Hang des Bommelhauk zum Krätzersrasen. Verweilt man ab und zu und schaut zurück, so bieten sich weite Ausblicke ins Werratal und hinüber zur Rhön. Weiter geht es, immer bergauf, zum Großen Weißenberg (747 m), wo uns eine Waldgaststätte und einer der dreizehn Dreiherrensteine des Rennsteigs erwartet. Er markierte das Zusammentreffen der Grenzen von Sachsen-Meiningen, Sachsen-Gotha und Kurhessen, hier zweigt der Breitunger Rennweg nach Süden ab. Auf der Freifläche vor der Gaststätte erinnert ein Denkmal an den Rennsteigwanderer und Dichter Josef Victor von Scheffel (1826–1886), von dem die Verse stammen:

». . . Und da geschah, nach Brauch der Nachbarmärker,
daß jeder Gast auf eigner Hoheit saß
und doch der Thüring und der Henneberger
mit dem von Fuld' aus einer Schüssel aß . . .«

Auf dem Lutherweg gelangen wir von Steinbach aus mit einem Abstecher zum Lutherdenkmal. Herzog Bernhard II. ließ es 1857 errichten. Es zeigt den Reformator nicht als wohlbeleibten Mann auf dem Podest, die Bibel in Händen und trutzig schauend, sondern es ist ein Obelisk, dessen Seiten in Wimpergen auslaufen und dessen oberen Abschluß eine Fiale mit Pyramidenspitze und Kreuzblume bildet. Hinter der schmiedeeisernen Umfassung plätschert der Lutherbrunnen. Auf dem Lutherweg gelangen wir zur Wüstung des Dorfes Glasebach, das zwar 1183 urkundlich belegt ist, aber schon zu Luthers Zeiten nicht mehr existierte. Der Grundriß seiner Kapelle hat die Zeiten überdauert und ist als Bodendenkmal geschützt.

Vom Glasebach können wir über die Straße hinweg zum Gerberstein (729 m) steigen. Als erster Berg des Thüringer Waldes wurde der Granitgipfel bereits 933 in einer Urkunde erwähnt. Von Steinbach herauf führte hier die alte Weinstraße über das Gebirge. Die umherliegenden Felsbrocken soll ein Riese aus seinem Schuh geschüttelt haben.

Mit dem Bus können wir von Bad Liebenstein aus zum Rennsteig fahren, um zum Glöckner (691 m) zu wandern. Dort haben wir Gelegenheit, uns am Felsenstuhl des Berges umzusehen. Granitfelsen, kantig und rund, hingestreckt und aufgerichtet, bieten ein imposantes Bild. Wir wandern weiter zur Großen Meilerstätte, wo Bänke und eine Schutzhütte zur Rast einladen. Die Messerschmieden, Schmelzhütten und Hämmer brauchten Holzkohle über Holzkohle. Deshalb qualmten hier und vielerorts im Walde die Meiler, bis der Thüringer Wald fast kein Wald mehr war.

Es lohnt auch eine Wanderung zum Kissel (648 m). Von der Sitzgruppe über dem Forsthaus Kissel, einer Gaststätte, kann man weit ins Land schauen, unter uns das 1868/69 erbaute Jagdhaus der Meininger Herzöge.

Unser Gebiet, das zu beiden Seiten des Rennsteigs unter Landschaftsschutz gestellt ist, grenzt an den alten Buchonia-Gau, Buchenland, dem der vorherrschende Baum seinen Namen gab. In den Auwäldern wuchsen Erlen und Weiden. Geschlossene Fichtenforsten hat erst der Mensch seit dem 19. Jahrhundert hier angelegt. Rehe sowie Rot- und Schwarzwild sind hier heimisch, auch etwa siebzig Mufflons haben zwischen Ruhla und Liebenstein ihr Revier. Stark vermehrt hat sich der Rotfuchs, die Wildkatze, einst ausgerottet, bürgert sich wieder ein, unerwünschter Fremdling ist der nachtaktive Waschbär.

Für Besucher Bad Liebensteins kann ein Ausflug zum Naturschutzgebiet der Breitunger Seen zum Erlebnis werden. 1975 hat man dort 118 Arten als Brutvögel und 82 Arten als Durchzügler aufgenommen. Den Artenreichtum der hiesigen Vogelwelt stellt eine Lehrschau in Bad Liebenstein vor.

Jede Jahreszeit hat hier um Bad Liebenstein ihre Reize: Blühende Bergwiesen und das frische Grün der Buchen erfreuen uns im Frühling, im Sommer der Waldschatten und der würzige Harzgeruch, im Herbst begeistern uns der rotflammende Ahorn und die Buntheit der erntereifen Eichen, Buchen und Ebereschen. Im Winter schauen wir geblendet über die glitzernde Weite, auf schneeschweren Fichtenwald.

Wie viele Freunde diese waldreiche Berglandschaft gefunden hat, dokumentiert übrigens auch das Gästebuch des Volksheilbades. In den Aufzeichnungen von Besuchern aus aller Welt kommt zum Ausdruck, wie geborgen sie sich während ihres Kuraufenthaltes in Bad Liebenstein fühlten. Und aus ihnen spricht die Hochachtung vor den Leistungen unseres Landes für die Gesundheit seiner Bürger.

Idylle Elisabethpark
Im Grün der Kurort (S. 18/19)

Apotheke mit Tradition

Esplanade an der Wandelhalle

Fresken am Haus Feodora, nach Vorlagen Ludwig Richters

Haus Feodora, 1860 erbaut als Sommersitz des Meininger Erbprinzen

Detail der Fassade

Die Liebensteiner Post
im Henneberger Fachwerkstil

POSTAMT

Das neue Kulturhaus
Im Foyer des Kulturhauses

Blick zur Kirche

Haus Walch, ein Wohnhaus

Treffpunkte: Klubhaus
»Dr. Salvador Allende«
und Theater-Café

Rotunde –
architektonischer Glanzpunkt

Als Klubhaus genutzt:
Palais Weimar

In trauter Eintracht

»Badende«, Bronzeskulptur
von René Graetz

Im Kurzentrum: Wandelhalle, Brunnentempel,

Kurhaus, um 1800 aus dem Fischernschen Schloß hervorgegangen

Kunstvoll bleiverglast – Fenster im Aufgang des Kurhauses

Am Trinkbrunnen in der Wandelhalle

Im Kurheim »Bernhard«

Haus »Olga«

Olga

Weitere Sanatorien und Kurheime: Albert Schweitzer, Hugo Gefroi,

Kurheim »Edelweiß«

Kurheim Haus Thüringen
Das Kurtheater – heute wie damals mit reichem Kulturangebot

Ein Weg – zwei Ziele

Therapieprogramme für Kurpatienten: Schwimmen, Gymnastik, Velomedtraining, Inhalation

VELOMEDTRAINING

40 JAHRE VOLKSHEILE
40 JAHRE IM DIENST
DER GESUNDHEIT

Kurkonzert in der Wandelhalle

Viele Wege locken

Start zur Radwanderung

Konzertsaison im Freien
Weit schweift der Blick vom Morgentor (S. 50/51)

Romantisches: Burgruine Liebenstein

Gebirgsbach im Wiesengrund

Ruhepunkt im Stillen Tal

Kuhhalde am Aschenberg

Bommelhauk bei Steinbach

Jahrhundertealt – die Bairodaer Linde

Blick in den Innenraum der Steinbacher Kirche

‹ 60/61 ›

Steinbach, einst Zentrum des Bergbaus, später der Messerschmiede

Ruhiger Waldwinkel und

. . . vielbesuchte Gaststätten

HO Gaststätte

Gasthof „Zur Einnahme"

Wiese unterhalb der
Hohen Klinge

Am Krätzersrasen

Der Weg zum Dreiherrenstein

Das Ziel ist erreicht,
der Rennsteig. Auf der Höhe
über Steinbach (S. 68/69)

Von Wetter und Alter gezeichnet

Denkmal am Ort der »Gefangennahme« Martin Luthers

Schloß Altenstein

... und sein weiträumiger Landschaftspark

Haus im Altensteiner Park

Alles überragt der Inselsberg

Pforte zur unterirdischen Welt

Gang in die Tiefen der Altensteiner Höhle

Auch der Winter hat seinen
Reiz

Nachdem Sie den gesunden und gesundheitspendenden Pulsschlag Bad Liebensteins kennengelernt haben, wollen wir nun in Muße einen Blick zurückwerfen, in die fernste und in die jüngere Geschichte, auf das Werden und den Wandel dieser Landschaft sowie die Aktivitäten der Menschen, seit sie in dieser Gegend ihre Ansiedlungen gründeten.

SCHAUFENSTER DER ERDGESCHICHTE. Bei Wanderungen in der Umgebung von Bad Liebenstein fällt eine außerordentlich große landschaftliche Vielfalt auf. Sie ergibt sich vor allem aus den unterschiedlichen Höhenlagen, dem geologischen Bau, den Klimaverhältnissen, der Vegetation und der Nutzung der Landschaft durch seine Bewohner. Verständlich werden diese Gegebenheiten der Landschaftskomponenten aus der geologisch-tektonischen Entwicklung. Endogene Vorgänge brachten die Großformen des Thüringer Waldes und seiner Vorländer hervor, exogene Kräfte bewirkten Verwitterung und Abtragung und sind die Ursache für die Vielfalt der Oberflächenformen.

Der Thüringer Wald besteht aus einer Scholle paläozoischer Gesteine des Grundgebirges, die am Ende des Unterkarbons, in der Hauptphase der variskischen Gebirgsbildung, gefaltet worden sind. Als Ergebnis dieser Gebirgsbildung entstanden die Sattelzonen von Ruhla und Schwarzburg sowie die angrenzenden Mulden von Eisenach und Oberhof. Abtragungsvorgänge führten in der Zeit des Rotliegenden zum Auffüllen der Mulden mit dem Gesteinsmaterial der Sättel. Gleichzeitig begann eine intensive vulkanische Tätigkeit. Die erkalteten Lavaströme bildeten Porphyr, Porphyrit und Melaphyr. Zusammen mit den Rotliegendenschichten, vor allem Konglomeraten und Sandsteinen, stehen diese Gesteine dem Kristallin der Sättel gegenüber. Im Bereich des Ruhlaer Sattels sind es unter anderem Granite, Diorite, Gneise und Glimmerschiefer. Mit Beginn der Zechsteinzeit überflutete ein Meer das eingeebnete Rumpfgebirge. Dieses Zechsteinmeer lagerte neben Gips, Kali- und Steinsalz auch Kupferschiefer ab, der jahrhundertelang bei Schweina abgebaut wurde. Das Mesozoikum, besonders die Triaszeit, hinterließ als Ablagerungen buntgefärbte Sandsteine, Muschelkalk und Tone. Die Bruchtektonik der saxonischen Gebirgsbildung (obere Kreide, Tertiär) führte zur phasenhaften Herauspressung der schmalen Scholle des Thüringer Waldes und zum Absinken der Vorländer. Seit dieser Zeit unterliegt die gehobene Scholle ständiger Abtragung, so daß unter der ehemaligen Zechstein- und Triasbedeckung der alte Faltenbau wieder sichtbar geworden ist. Auch die im Zechsteinmeer entstandenen Bryozoenriffe wurden wieder freigelegt und prägen heute das Bild der Landschaft. Im Zusammenhang mit der saxonischen Gebirgsbildung entstand parallel zum Thüringer Wald in SO-NW-Erstreckung ein System von Verwerfungsspalten, das als Liebensteiner Störung bezeichnet wird. Ihr entspringen die Mineralquellen von Bad Liebenstein.

ALLES, WAS DA FLIESST. »Die« Grumbach entsteht aus zwei Quellbächen, dem Kallenbach und dem Steinbach, die sich in Steinbach vereinigen. Übrigens gab es damals drei »Grumbach« in der näheren Umgebung, das heute noch bestehende (Ortsteil von Breitungen) wurde 1137 zum erstenmal erwähnt. Der Name bedeutet nicht etwa »krummer Bach«, sondern »Grünbach«, was auf üppigen Wasserpflanzenwuchs hinweist. Durch den Ortsteil Bairoda, der 1194 erstmals beurkundet ist, fließt der Farrenbach. Er entwässert das Thüringer Tal, eilt durch Atterode, eine alte, seit 1525 wüste Bergmannssiedlung, begleitet zuweilen den Breitunger Rennweg von Bairoda bis nach Breitungen und mündet dort in die Werra. Schweina schließlich wird von dem gleichnamigen Bach durchquert, der die vom Rennsteig nach Süden abfließenden Wasser vom Kissel bis zum Glöckner einschließlich Luisenbach aus dem Luisental sammelt. Die Schweina erreicht die Werra in Barchfeld.

Wenn der Sage nach der Berg hinter dem Altensteiner Riff mit Wasser angefüllt sein soll, so liegt darin durchaus ein Körnchen Wahrheit. An der Altensteiner Höhle tritt in kräftigem Strom der Höhlenbach zutage, der der Wasserwirtschaft vorzügliches Trinkwasser beschert. Was freilich in den Klüften der Zechsteinriffe, im Burgberg von Bad Liebenstein und dem Altensteiner Riff, fließt und strömt, gibt noch immer Rätsel auf, besteht doch die Eigentümlichkeit von Karstgebieten gerade darin, daß Flüsse und Bäche verschwinden, um irgendwo, meist als starke Karstquellen, wieder zum Vorschein zu kommen.

Unweit der Gaststätte »Hubertushof« öffnet sich mit dem »Getränksloch« gleichsam ein Fenster zur Welt der unterirdischen Wasser. Etwa 200 m östlich der Gaststätte liegt eine ungefähr 10 m mal 20 m große Pinge mit einem Quelltrichter von 2,50 m Durchmesser und 1,50 m Tiefe. Hier sprudelt eine Quelle, sofern die täglichen Niederschläge 30 mm übersteigen. Manchmal liegt sie jahrelang trocken, dann wieder quillt über Wochen und Monate hinweg mehr als ein Hektoliter Wasser pro Sekunde aus dem Trichter hervor. Offensichtlich weist der unterirdische Wasserlauf an dieser Stelle eine Verengung auf. Kann diese die anfallende Wassermenge nicht fassen, beginnt die Quelle zu fließen.

Die Casimirquelle war wohl die älteste und die einzige natürliche der Liebensteiner Heilquellen. Vom damaligen Burgherrn Hermann von Stein auf die Quelle aufmerksam gemacht, ließ Herzog Casimir sie gründlich säubern, er selbst nutzte sie ausgiebig. Auf seinen Wunsch entstand auch die erste Brunnenschrift in Thüringer Landen (siehe S. 6). Der Autor Andreas Libavius, Direktor des Coburger Gymnasiums, gab ihr den Titel: »Tractatus Medicus Physicus unnd Historia / Deß fürtrefflichen Casimirianischen Sawer Brunnen / unter Libenstein / nicht fern von Schmalkalden gelegen.« (1610) Im selben Jahr noch erhielt ein Brunnenbauer den Auftrag, die Quelle auszubauen, vier Jahre darauf wurde sie mit Steintreppe und Geländer versehen. 1618 berief man einen Brunnenbeamten, der für die Reinheit des Brunnens zu sorgen hatte. Die Wässer der Stahlquelle reichten bald nicht mehr aus. 200 Jahre später begann man, diesen Mangel durch gezielte Bohrungen zu beheben. Doch auch die Herzog-Georg-Quelle, 1845/46 nur 11 m von der Urquelle entfernt in 60 m Tiefe erbohrt, die neue Casimirquelle von 1865 in 32 m Tiefe und 10 m von der alten entfernt erschlossen, sowie die Charlottenquelle, 1903 in 33 m Tiefe angezapft, ließen schließlich nach. Die Leute mit dem Bohrmeißel aber hatten längst den Respekt vor dubiosen Wassergeistern verloren, sie setzten 1927 eine Stahlquelle frei, die aus 88 bis 115 m Tiefe kam und als wichtigste Bestandteile Eisen, Mangan und Arsen enthielt. Ein Eisensäuerling aus 122 bis 135 m Tiefe verstärkte sie noch. Nach einem weiteren Bohrversuch hinter dem Logierhof, zehn Jahre später, wurden die Wassersucher 1950/51 wieder fündig. Diese neue Quelle, die nach dem technischen Berater »Schwarzbach-Quelle« heißt, gibt aus 165 m Tiefe stündlich 4,3 m^3 Mineralwasser frei.

BAD DER ARISTOKRATEN. Doch zurück in die Historie, aus der wir eben vom Jahr 1618 einen Bogen in moderne Zeit geschlagen haben. Der Dreißigjährige Krieg streifte auch Grumbach und Sauerborn. Als Wallenstein 1625 an der Spitze seines 23 000 Mann zählenden Heeres auf der Salzunger Burg logierte, wurden die Menschen mit dem Krieg konfrontiert. Mit der Badeherrlichkeit war es spätestens dann vorbei, als Graf Isolani mit seinen Truppen in kaiserlichem Auftrag die Länder der ernestinischen Herzöge mit einer Strafexpedition heimsuchte, da sich diese mit den Schweden verbündet hatten. Zu Kriegsende lebten in Sauerborn und Grumbach noch 170 Einwohner. Die Soldateska, die Pest (1634 und 1635) sowie Hungersnöte wie die von 1636/37 hatten die Bevölkerung dezimiert, die Quelle selbst war verwüstet. Herzog Ernst der Fromme von Sachsen-Gotha ließ den Brunnen wieder aufgraben und die Hauptquelle wie auch vier umliegende neu fassen. Nach seinem Tode 1677 gingen Altenstein und Liebenstein in den Besitz seines Sohnes Herzog Bernhard I. von Sachsen-Meiningen über. Dieser sorgte dafür, daß der Brunnen ein Dach bekam und Besucher der Heilquellen Unterkunft erhielten. 1684 ließ er zwischen Sauerborn und Grumbach – heute etwa neben dem Liebensteiner Postamt – eine Kirche bauen, die 1822 wieder abgerissen wurde.

1710 kauften die Herren von Fischern das Amt Liebenstein als »Sohn- und Tochterlehen erb- und eigentümlich« vom Meininger Herzog für 26 000 Gulden und strengten den Bau des Schlosses im Bereich Sauerborn an. 1715 wurde der Ort Marktflecken, auch ein Brunneninspektor wurde bestellt. Zahlreiche lobende Gutachten über den Liebensteiner Sauerbrunnen gingen ein. Kriege unterbrachen die hoffnungsvolle Entwicklung.

1791 wurde Herzog Georg I. von Sachsen-Meiningen auf Liebenstein und seine Heilquellen aufmerksam. Der Meininger Arzt Dr. Jahn stellte in seinem Gutachten fest: »Kein Wiesbaden, kein Schwalbach oder Ems war der Kur so viel wert als Liebenstein.« Der Herzog besuchte Liebenstein 1798 und 1799, er kaufte die Herrschaft 1800 zurück. Das Fischernsche Schloß wurde zum Kurhaus umgebaut, und an der Stelle der früheren Dorfschule entstanden ein Badehaus und ein Schauspielhaus. Zwischen Sauerborn und Grumbach – nunmehr zur Gemeinde Liebenstein vereint – wurden eine feste Straße sowie eine Promenade gebaut. Im selben Jahr noch wurden ein Brunnenarzt und eine Kurverwaltung berufen, die für Unterhaltung und Zerstreuung der Gäste zu sorgen hatte. Auf die Idee, Kurtaxe zu kassieren, kam man erst 1864.

Der Meininger Herzog bewies sicher Geschäftssinn, als er eine Liebensteiner Brunnengesellschaft gründete. Ihr gehörten Herzog Karl August von Weimar, die Fürsten von Schwarzburg und Reuß sowie viele Gelehrte, reiche Bürger, Künstler und Dichter, z. B. Jean Paul, Friedrich Mosengeil, Johann Karl August Musäus, an. Der Hofrat Ludwig Bechstein stellte das Liederbuch »Lieder zur Erhöhung gesellschaftlicher Freuden vorzüglich in Bad Liebenstein« zusammen. Die Meininger Hofkapelle und das Hoftheater sorgten im Sommer für Vergnügen und wirklichen Kunstgenuß. Hier weilte 1803 auch Charlotte von Stein zur Kur, die Freundin Goethes, der den Herzog bei der Gestaltung des Bades und des Badelebens beraten hatte. Da Georg I. Weihnachten 1803 starb und Erbprinz Bernhard erst drei Jahre zählte, suchte seine Frau die Liebenstein betreffenden Pläne durchzusetzen. Man begann mit dem Bau des Fürstenhauses, das 1806 vollendet wurde und 1816, als eine der beiden Töchter den Herzog Karl Bernhard von Weimar heiratete, in deren Besitz überging und den Namen »Palais Weimar« erhielt (heute ist es das Klubhaus in der Ernst-Thälmann-Straße). 1808 entstand das Gutshaus am Aschenberg, der Altbau des heutigen Heinrich-Mann-Sanatoriums. 1816 wurden acht Hauptmineralquellen sowie die Keiderlingschen und Vogtschen Quellen neu gefaßt und in ein gemeinsames Reservoir geleitet, das mit dem Brunnentempel überbaut wurde – damals wie heute Wahrzeichen des Bades.

Obwohl der Ruf des Bades längst über die Grenzen des Herzogtums hinausging, unterstützt noch durch verschiedene Schriften, wie die Professor Hoffmanns aus Halle, die Mosengeils über »Bad Liebenstein und Umgebung« sowie die des Brunnenarztes Dr. Schlegel über die Geschichte des Bades, die Geologie und Botanik sowie die Anwendung der Kurmittel, konnte der Rückgang des Badebetriebes nicht aufgehalten werden. Dies vermochten letztlich weder der mehrmalige Besuch Königin Adelheids, der älteren Tochter des Herzogs, die König Wilhelm IV. von England geheiratet hatte, sowie der anderer gekrönter Häupter samt Gefolge noch die Gründung einer Spielbank, eine Episode, die bis 1846 währte. Um die Attraktivität des Bades wiederherzustellen, ließ Herzog Bernhard II. 1840 eine staatliche Kaltwasserheilanstalt einrichten, mit deren Leitung er Dr. Martini betraute, der eine solche in Elgersburg gegründet hatte. Die Erwartungen erfüllten sich jedoch nicht. In dieser Zeit wurde der Lange Bau als Gästehaus eingerichtet, heute Sitz der Kurverwaltung. Molkekuren kamen in Mode, also wurden ab 1846 in Liebenstein die Kurmittel durch Molke erweitert, die ein Schweizer aus Tiefenort lieferte.

Neben dem Palais Weimar ließ das Weimarer Großherzoghaus 1850 das Schweizerhaus für seine Gäste erbauen, heute Haus Sophie. Ein Jahr danach wurde eine weitere Promenade, die Esplanade, angelegt, das Kurhaus erneuert und bald darauf auch das Badehaus. In den fünfziger Jahren des vorigen Jahrhunderts entstanden einige Bauwerke, die auch heute noch erwähnenswert sind: 1852 das Müllersche Hotel, später Hotel Charlotte, benannt nach der ersten Frau Georgs II.; 1853 das erweiterte Badehaus; 1854 eine neue Wasserleitung aus dem Thüringer Tal nach Bad Liebenstein; 1855 das jetzige Haus 1 der Liebensteiner Krankenanstalten als Privatwasserheilanstalt Dr. Martinis sowie eine Telegrafenstation; 1859 das heutige Kliniksanatorium »Hugo Gefroi« als Kirchnersches Gasthaus. 1860 errichtete man das Haus Gonnermann als Gast- und Pensionshaus und die Villa Feodora, Sommersitz des Erbprinzen

Georg von Sachsen-Meiningen. Die Fresken am Haus, das den Namen der zweiten Gattin Georgs, Feodora von Hohenlohe-Langenberg, trägt, wurden Arbeiten Ludwig Richters nachgestaltet. Die Holzplastiken am Komplex Feodora stellen die Schutzheiligen Georg und Florian dar.

Das heutige Klubhaus »Dr. Salvador Allende« entstand 1862 als Villa eines Berliner Apothekers. (Seit 1913 logierten hier die aristokratischen Patienten des Augenarztes Dr. Graf Wiser, unter ihnen die griechische Königin.) 1865/66 wurde das Hotel Bellevue erbaut, damals erstes Haus in Thüringen, heute Haus Bernhard, gegenüber der Post wurde 1867 der Meininger Hof errichtet, in dem sich jetzt Wohnungen befinden. Auch eine Apotheke erhielt Liebenstein in dieser Zeit.

Georg II., bekannt als Theaterherzog, bewohnte die Villa Georg als Sommerresidenz bis 1889, bis Schloß Altenstein fertiggestellt war. Er hatte sie 1872 errichten lassen, um dort ein Jahr später die morganatische Ehe mit seiner dritten Frau, der Schauspielerin Ellen Franz, zu schließen, die er zur Freifrau von Heldburg adelte. Villa Georg wurde danach Gästehaus der Meininger Herzogsfamilie, sie beherbergt heute die Betriebskinderkrippe des Volksheilbades.

LIEBENSTEIN WIRD »BAD«. Fest steht, daß die Meininger Herzöge die Entwicklung Liebensteins zum Heilbad in hohem Maße mit geprägt haben, sowohl baulich und gestalterisch als auch mit dem für damalige Verhältnisse vorzüglichen Kulturangebot. Dies spiegelt sich in den wachsenden Einwohnerzahlen – von 170 nach dem Dreißigjährigen Krieg auf 800 im Jahre 1844, bis zur Jahrhundertwende sollte sich diese Zahl fast verdoppeln – und in der Investitionsbereitschaft zur Zeit der Gründerjahre. So erhielt Liebenstein Anschluß an das Eisenbahnnetz. Der Bau ging in den Jahren von 1886 bis 1889 vonstatten, und zwar als Abzweig der Werrabahn von Immelborn über Barchfeld nach Bad Liebenstein. Die Hauptstrecke war bereits seit 1858 in Betrieb und verband Eisenach, Bad Salzungen, Meiningen sowie Eisfeld und Lichtenfels. Die Nebenstrecke nach Liebenstein wurde 1927 bis Steinbach verlängert. Heute wird der Besucher vergebens nach der Eisenbahn Ausschau halten, da der gesamte Anschluß 1968 abgebaut und durch Busverkehr ersetzt wurde. Doch als Zeichen der Glaubwürdigkeit dieser Geschichte kann Liebenstein auf den Bahnhof und eine Bahnhofstraße verweisen. Angestellte der Deutschen Reichsbahn leisten dort nach wie vor ihren Dienst, indem sie Fahrkarten verkaufen, Reisegepäck annehmen und ausgeben.

Nach diesem Abstecher in die Gegenwart blicken wir nochmals zurück, um nun im Zeitraffer die wichtigsten Stationen der weiteren Entwicklung Liebensteins zusammenzufassen. 1871 erwarb das Dresdner Bankhaus Schie die Kureinrichtungen, und bereits ein Jahr später übernahm sie eine Aktiengesellschaft. Häufige Besitzerwechsel kennzeichnen die Folgezeit, von denen der Augenarzt Dr. Graf Wiser (1913) und Dr. Lauterbach (1925) erwähnenswert sind. Die private Wasserheilanstalt Dr. Martinis erwarb 1891 Sanitätsrat Dr. Fülles. Er ließ sie 1902 zu einem Sanatorium umbauen. Aus dieser Zeit stammt der Elisabethpark mit seinen Teichanlagen – ein besonderes Verdienst Dr. Fülles', das die Liebensteiner und ihre Gäste bis heute als Sehenswürdigkeit des Bades und Erholungszentrum hoch zu schätzen wissen.

Das sehenswerte Fachwerkhaus der Post wurde 1895 im Stil eines hennebergischen Landsitzes des 17. Jahrhunderts errichtet. Das Folgejahr brachte die Auflösung des Domänengutes und die Verpachtung des Grundbesitzes an Liebensteiner Einwohner. Elektrisches Licht erhielt der Ort 1902. Im Jahre 1907 entstand das Landeskrankenhaus Marienthal, heute Krankenhaus und Poliklinik Haus 3. Und seit 1907 durfte sich Liebenstein offiziell mit dem Titel »Bad« schmücken.

Als Dr. Graf Wiser von Wiesbaden nach Liebenstein übersiedelte, verlagerte sich der Schwerpunkt des Kurbetriebes auf die Behandlung von Augenleiden. Patienten aus aller Herren Länder strömten der Augenarztpraxis des neuen Besitzers der Kureinrichtungen zu, und diese wurden entsprechend angepaßt: Das Kurhaus wurde umgebaut, Wandelhalle und Musiktempel entstanden, der Kurgarten wurde umgestaltet und vergrößert, die Häuser Bourquet und Albrecht wurden Hotel (heute Kurheim Olga), das Theater wurde renoviert. Als Dr. Wiser noch vor Ausbruch des ersten Weltkrieges seine Praxis ins Palais Weimar verlegte, gestaltete man das Kurhaus in das exquisite Kurhaus-Hotel Kaiserhof um. Obwohl der Krieg auch den Badebetrieb stark in Mitleidenschaft zog, wurde 1916 der Grundstein für eine Augenklinik – heute Krankenhaus und Poliklinik, Haus 2 – in der Bahnhofstraße gelegt, die 1919 eröffnet werden konnte. Zwei Jahre später schied Dr. Wiser aus der Aktiengesellschaft aus.

War das Bad etwa bis dahin Treffpunkt der Feudalaristokratie, so wurde es danach Anlaufpunkt des Mittelstandes, für Arbeiter und kleine Angestellte blieb eine Kur weiterhin unerschwinglich. In den dreißiger Jahren wurde sie empfohlen bei »Blutarmut, Bleichsucht und Blutstörungen, Erkrankungen des Nervensystems, Herzleiden organischer Natur und nervösen Ursprungs, rheumatischen Affektionen, Unterernährung und Stoffwechselkrankheiten«. Während des zweiten Weltkrieges war Bad Liebenstein Lazarettort.

UM BURG UND ALTENSTEIN. Erstmals erwähnt wurde die Burg Liebenstein 1360, als die Herren von Stein, die oberhalb Schweinas auf dem Altenstein saßen, diese zum Lehen erhielten. Historiker glauben, daß sie aus dem 11. Jahrhundert stammt. Sie leiten den Namen vom mittelhochdeutschen »lie« oder »liewe« her, »schattiges Laubdach«. 1525 bekam der Burgherr Lips von Stein die Kraft der Bauern zu spüren, die ihn auf ihr Programm, die Zwölf Artikel, schwören ließen. 150 Jahre später, nach dem Tod des letzten Burgherrn, begann der Verfall des Gebäudes.

Burg Liebenstein besteht aus einem älteren, mit Gewölbe unterkellerten und einem jüngeren Palas, beide trennt eine 1,67 m dicke Wand. Auf den Steinkonsolen lagen die Balken auf. Angriffe waren nur von der Südseite her zu erwarten, wo der Burg ein Zwinger vorgelagert und die Zwingermauer am dicksten war. An der Nordseite soll bis 1800 ein Turm gestanden haben.

Die erste Anlage des Altenstein entstand vermutlich um 531,

als die vereinigten Sachsen und Franken das Thüringer Reich in der Schlacht bei Burgscheidungen an der Unstrut zerschlugen und die Franken ihr Siedlungsgebiet bis in die Rhön und an den Rennsteig vorschoben. Davon zeugen noch Ortsnamen auf -hausen und -heim, -bach und -feld. Zur Sicherung dieses neuen fränkischen Gebietes mag die Burganlage entstanden sein, denn hier querte eine Straße von Schweina her über Glasbach und Gerberstein den damals sehr unwirtlichen, verkehrsfeindlichen Thüringer Wald. Die Reste dieser Burg, die wohl einfach der Stein hieß, sehen wir von der Ritterkapelle hinter dem Schloß aus. Der alte Stein überdauerte auch die um 1150 in unmittelbarer Nähe erbaute zweite Befestigung, die Neuenburg am Bonifaziusfelsen, die um 1554 zerstört wurde. Den Altenstein und die Neuenburg trugen verschiedene Adelsgeschlechter zu Lehen, unter anderen die Frankensteiner Grafen – Verwandte der Henneberger –, die ihre Stammburg über dem Salzunger Ortsteil Kloster Allendorf hatten, und die Herren von Stein, die später auf Burg Liebenstein saßen. Freunde des Kulturbundes haben das Verließ des Schlosses Barchfeld, eines anderen Sitzes der Herren von Stein, von außen zugänglich gemacht. Der Besucher wird dort erstaunliche Reliefs finden, die ein Eingekerkerter über Jahre aus dem Gemäuer herausgearbeitet hat.

Die Thüringer Landgrafen suchten im Mittelalter südlich des Rennsteigs Fuß zu fassen. Deshalb kaufte Friedrich der Ernsthafte 1346 den Altenstein, und 1356 brachte die hennebergische Erbtochter die Dörfer Steinbach, Schweina und Profisch als Mitgift ein. Sie wurden mit den Dörfern Gumpelstadt und Waldfisch zum Gericht Altenstein vereinigt. Die Burg wurde zum Sitz thüringischer Vögte, die von hier aus räuberische Feudalfehden in das Gebiet der Henneberger Grafen trugen, sicher aber auch manchen Kaufmann nicht verschonten.

Das Geschlecht der Hund von Wenkheim wurde 1492 mit dem Altenstein belehnt, nachdem Burg und Gericht 1485 an die ernestinische Linie des Hauses Sachsen gefallen waren, es saß dort 230 Jahre lang. Einer von ihnen, Burkhard Hund von Wenkheim, war es, der mit Billigung des Kurfürsten Friedrich des Weisen im Jahre 1521 Martin Luther »überfiel« und »gefangennahm«. Vom 3. zum 4. Mai nächtigte Luther, vom Reichstag in Worms gekommen, bei seinem Onkel in Möhra. Am Vormittag hielt er den Möhraern eine Predigt unter freiem Himmel, dort, wo jetzt sein Denkmal steht. Bis in die Nähe des Altenstein gaben ihm seine Verwandten das Geleit. Von Schweina führte der Weg steil nach oben zum Glasbach, Luther und Nikolaus von Amsdorf antworteten nur einsilbig auf die Reden des Bruders Johann Petzensteiner. Da tauchten Gepanzerte auf und sprengten heran. Petzensteiner ergriff das Hasenpanier, der Fuhrknecht mußte die Pferde zügeln, Luther wurde aus dem Wagen gezerrt. Amsdorf schimpfte, anscheinend empört. Aber die Reiter nahmen Luther in die Mitte und trieben ihn über Stock und Stein, bis sie sicher waren, daß sie niemand beobachtete. Dann erst gab man Luther ein Pferd, und über Berg und Tal ging es zur Wartburg, wo er kurz vor Mitternacht eintraf und sich in den Junker Jörg verwandelte. Martin Luther war von der Entführung sicher nicht überrascht, zumal sich sein Kurfürst nicht öffentlich vor den Reformator stellen und so Bannstrahl und Reichsacht mißachten konnte.

Im Verlauf der Braunschweiger Fehde 1554 wurden die Neuenburg und auch der Altenstein zerstört, drei Jahre danach erfolgte der Neubau der Burg, von dem ein Bild in der Schweinaer Kirche einen Eindruck vermittelt. Der Rest des Rundturms der Burg hinter dem Altensteiner Schloß wird der Hexenturm genannt, wohl weil dort die »Hexen« einsaßen, zwischen 1628 und 1690 waren es 18 bedauernswerte Frauen aus Schweina und Steinbach.

Schweina war der Hauptort der Stabsgemeinden, die den Ratsmeister oder Stabsschulzen und die Zwölfer wählten. Sie übten im Namen der Gemeinden die niedere Gerichtsbarkeit aus und berieten über die vom Landesherrn ausgeschriebenen Steuern und Gemeindeabgaben. Zu den Beratungen lud der Stabsknecht ein, was noch im Jahre 1897 traditionell geschah. Die Hund von Wenkheim und auch spätere Gerichtsherren versuchten immer wieder, die Rechte der Stabsgemeinden zu beschneiden, aber diese wehrten sich mit Erfolg und gewannen oft langwierige Prozesse in Jena und Wetzlar. 1722 kamen Gericht und Burg Altenstein in den Besitz der Meininger Herzöge als der Nachkommen Friedrichs des Weisen.

1733 fielen die Burg und halb Steinbach einer Brandstiftung zum Opfer. Der Meininger Herzog Anton Ullrich beauftragte 1736 den italienischen Architekten und Baumeister Allesandro Rossini, auf dem Altenstein ein schlichtes Barockschloß zu errichten. Rossini erregte jedoch den Zorn seines Auftraggebers, als er die Hauptfassade zur Bergseite hin aufführte – dem Baumeister blieb nur die Flucht.

Erst Georg I., nunmehr Alleinregent, wandte dem Altenstein seine volle Aufmerksamkeit zu, er ließ ab 1798 das Schloß als Sommersitz für seine Familie herrichten und den Park als Kleinod der Gartenkunst anlegen. Englische Gärten in Wörlitz und Weimar, ab 1782 in Meiningen (der heutige Goethepark), gaben Anregungen für die Gestaltung des Altensteiner Parks. Daß gerade auf Altenstein die Wahl fiel, hängt sicher mit der reizvollen Lage am Südwesthang des Thüringer Waldes zusammen, wo ein gewisser Schutz vor kalten Nord- und Ostwinden gegeben und bereits ein Schloß vorhanden war, wo in unmittelbarer Nähe die Liebensteiner Quellen flossen.

Im Park Georgs I. verbanden sich die aufklärerischen Ideen mit romantischen Vorstellungen und zeitgenössischen Modeerscheinungen. Da entstanden 1799 die Ritterkapelle und die Gestaltung des Bonifaziusfelsens, 1803/04 die dem Schloß gegenüberliegenden klassizistischen Wirtschaftsgebäude. Der Blumenkorb in der Form eines römischen Sarkophags wurde aus dem Felsen gemeißelt, die Rotunde und das Häuschen auf dem Hohlestein errichtete man im chinesischen Stil sowie einen künstlich angelegten Wasserfall mit Waldteich und Sennhütte im Luisental, eine Äolsharfe im Hohlestein, die Teufelsbrücke, das Morgentor und andere Idyllen. Daneben wurden mit dem Fohlenhaus, der Spanischen Schäferei, der Baumschule und Anpflanzungen von Obstgehölzen beispielgebende ökonomische Einrichtungen geschaffen.

Als beim Bau der Chaussee zum Schloß 1799 die Altensteiner oder Glücksbrunner Höhle entdeckt wurde, bezog man sie sofort in das Parkensemble ein. In der Liebensteiner Badesaison wurde sie an Sonntagen illuminiert, und ein Orchester sorgte für Romantik unter Tage. Für die Gestaltung des Parkes hatte der Herzog Gartenfachleute in seinen Diensten. Als Gast des Herzogs weilte auch Goethe auf dem Altenstein, und sein Rat war sicher gefragt.

Wir müssen uns vorstellen, daß damals die Hänge, Felsgruppen und Berge weitgehend unbewaldet waren und viele reizvolle Ausblicke boten. Georg I. ließ die Umgebung des Altenstein aufforsten. 1801 enstand in Dreißigacker bei Meiningen eine Forstakademie, deren Leitung J. M. Bechstein übernahm. So ging von Südwestthüringen ein doppelter Impuls wissenschaftlichen Forstbaus aus, denn im nahen Zillbach hatte Heinrich Cotta schon 1786 eine Forstlehranstalt gegründet, auf der die Forstakademie Tharandt aufbaute. Die Berufung dorthin erhielt Cotta als sächsischer Forstrat 1810.

Seine eigentliche Gestaltung verdankt der Park dem Besuch des Fürsten Hermann von Pückler-Muskau (1785–1871), der 1846 auf Schloß Altenstein weilte und als einer der großen Parkschöpfer im Anfang des 19. Jahrhunderts bekannt war. Noch im selben Jahr wurden Holzeinschläge zur Herausarbeitung von Sichtbeziehungen in der Landschaft begonnen. Sein Meisterschüler, der Weimarer Hofgärtner Eduard Petzold, führte die Umgestaltung des Parks zu einem gärtnerischen Kunstwerk. Der Thüringer Wald, das Werratal und die Rhön wurden in den Park gleichsam einbezogen, so daß er als Landschaftspark eine Fläche von insgesamt 112 ha umfaßte, mit Höhenunterschieden im Luisental von 360 m, am Steiger und am Fohlenhaus von 475 m sowie am Morgentorplateau von 430 m ü. M. Das Fontänebecken zwischen Schloß und Hofmarschallamt bildete den gestalterischen Mittelpunkt des ursprünglich umzäunten Innenparks, der den »Blumenpark« oder, wie Pückler ihn nannte, den »Pleasure-ground« darstellte.

Der »Theaterherzog« Georg II., der 1866 die Regierungsgeschäfte übernahm, ließ 1888/89 das Altensteiner Schloß im Stil der englischen Spätrenaissance aufführen. Er besaß erlesenes Kunstverständnis auf vielen Gebieten, und der Schloßneubau wirkte sich auch auf die Gestaltung des Innenparks aus. Die noch vorhandenen Statuen und Schmuckvasen wurden nach seinen Vorstellungen aufgestellt. 1891 entstanden ein Palmenhaus und weitere Gewächshäuser. Besonders berühmt wurde das Altensteiner Teppichbeet, zu dessen Pflege Mädchen in Thüringer Trachten antreten mußten: Die harte Arbeit sollte den aristokratischen Müßiggängern den Eindruck tändelnder Freizeitbeschäftigung vermitteln. Nach dem Tode Georgs II. und mit Beginn des Krieges 1914 blieb der Park mehr und mehr sich selbst überlassen, so daß er verwuchs; Windbruch und Alter des Baumbestandes lassen die einstige Schönheit nur noch ahnen. Nur der Kenner wird zum Erkenner des kunstgärtnerischen Erbes, und Denkmalpflege gewinnt hier neue Aufgaben und Aspekte, wenn es darum geht, den Altensteiner Landschaftspark mit seinen Aussichten, seinem Kunstverständnis und seinen kulturellen und Erholungswerten neu zu erschließen.

Was geschah mit den Bauten am Altenstein? 1906 wurde das Chinesische Häuschen noch einmal neu gedeckt, die Glöckchen erklangen wieder, und auch die Wetterfahne drehte sich – bis 1923, als es wegen Baufälligkeit abgerissen werden mußte. Die Äolsharfe im Hohlestein hingegen ließ sich nicht mehr zum Klingen bringen. Im Jahre 1911 erhielt die Höhle elektrisches Licht – ein Luxus, den noch längst nicht alle Dörfer des Herzogtums genießen konnten. So schauen heute die Besucher des Hohlesteins verwundert auf das Schild mit der Aufschrift »Chinesisches Häuschen« und überlegen, was der Felsen, seit 1982 wieder von Bäumen freigeschlagen, wohl mit dem Reich der Mitte zu tun haben könnte ...

Das Schloß wurde 1938 von Prinz Ernst an das Land Thüringen verkauft und erhielt während des zweiten Weltkrieges Lazarettfunktion. Zu Kriegsende fanden viele Kostbarkeiten »Liebhaber« unter den amerikanischen Besatzungstruppen.

Nach 1945 wurde das Schloß als Erholungsheim der Handwerkskammer Thüringen übergeben, das Hofmarschallamt wurde Forstschule, später Agraringenieurschule. Die Gärtnerei wurde nicht weiter genutzt, dort entstand ein Internatsgebäude der Schule. Im Innenpark kann man noch heute seltene fremdländische Gehölze bewundern, so den in Nordamerika beheimateten

Mammutbaum auf der Wiese zwischen Hofmarschallamt und Schloß.

Im Februar 1982 ereilte den Altenstein wieder einmal eine Brandkatastrophe, diesmal durch einen Schaden in der elektrischen Anlage. Das Schloß brannte bis auf die Umfassungsmauern aus. Der VEB Denkmalpflege Meiningen baute es in der Außengestaltung nach dem alten Vorbild wieder auf. Die endgültige Fertigstellung wird sich letztlich auch auf die Erhaltung und Pflege des Parkes als Landschaftsdenkmal fördernd auswirken.

Die Katzenhöhle und die Blechschmidtshöhle im Altensteiner Riff haben nur geringe Ausdehnung, aber unter ihnen erstreckt sich die attraktive Schauhöhle des Gebietes, die Altensteiner Höhle. Im Riffkalk des Liebensteiner Burgberges liegt auf der Steinbacher Seite die Felsentheater-Höhle, die nach wenigen Metern endet. Hinter dem Kurhaus am Erdfall, der sich 1852 ereignet hat, als imposante Felsen mit Getöse einstürzten, hält eine massive Tür den Besucher ab, weiterzugehen, nur die Höhlenforscher kommen in den Besitz des Schlüssels zur unterirdischen Welt. Der 12 m lange Zugangsstollen zur Altensteiner Höhle ist eine künstliche Anlage aus dem Jahre 1800. Als die ersten Besucher die Gänge betreten konnten, waren 120 m begehbar. In einer Grotte nahe dem Eingang, Bärenhöhle genannt, hat man 50 000 Jahre alte Spuren und Skelettreste von Höhlenbären gefunden.

An die achtzig Schritt ins Innere liegt der Musikraum, in dem seiner ausgezeichneten Akustik wegen damals wie heute Konzerte veranstaltet wurden bzw. werden. Weiter führt der Gang zum Dom und zur Fledermaushöhle. Unterhalb des Turmes breitet sich der etwa 50 m^2 große Höhlensee aus, dessen Wassertemperatur gleichbleibend 9 °C beträgt.

Die Speläologen drangen gemeinsam mit Steinbacher Bergleuten tiefer in die Höhle ein, erschlossen und sicherten etwa 300 m neuer Wege und Räume, so den Morgentordom und eine Höhlung darüber. Länger ist der erforschte Wassergang, nämlich mehr als 350 m, ein zweiter Höhlensee wurde entdeckt. Die Höhe der Altensteiner Höhle, die nach 120 m Höhlenweg 100 m

Deckgebirge über sich hat, beträgt zwischen 1,60 und 12 m und ist wie die am Erdfall eine Auslaugungshöhle.

Die Felsenkellerhöhle am Erdfall besteht aus zwei Ebenen. Ein Gewässer, das ehedem in einer oberen Etage floß, brach auf das heutige Niveau durch. Der Hauptgang streicht in östlicher Richtung und hat möglicherweise eine Verbindung zum Bärenloch bei Bairoda, ein zweiter Gang verläuft nördlich vom Hauptgang. Die Höhle wurde erstmals um 1800 erwähnt und ist wahrscheinlich die bisher längste im Liebensteiner Gebiet. Entdeckt wurden ein permanenter und zwei temporäre Syphons, auffallend gut erhaltene Skelettreste vom Höhlenbären sowie Tropfsteine, auch Flechten und Moose. Die Höhle ist ihrem Erscheinungsbild nach eine kluftgebundene, aktive Karsthöhle und als solche eine Seltenheit in der DDR. Sie ist auf etwa 400 m Länge vermessen, die Erdfallquelle wurde 1867 gefaßt. Der Altenstein mit Park und Höhle gehörte ehedem zur Gemarkung Schweina, doch nach der letzten Ausgemeindung aus dem gemeinsamen Stadtgebiet 1974 blieb der Altenstein bei Liebenstein.

Auf dem Bergfriedhof zu Schweina liegt Friedrich Wilhelm Fröbel (1782–1852) begraben, ein Raum im Marienthaler Schlößchen ist seinem Andenken gewidmet, die Schweinaer Schule und der Kindergarten tragen seinen Namen. Als begeisterter Anhänger des großen Schweizer Pädagogen Pestalozzi wandte er sich vor allem der Vorschulerziehung zu, der Begriff »Kindergarten« ist seine Wortschöpfung. Herzog Bernhard II. Erich Freund räumte das Domänengut 1851 Fröbel ein, der dort das erste deutsche Kindergärtnerinnenseminar einrichtete. Das kind- und altersgemäße Fröbelsche Spielzeug – Kugel, Würfel, Walze und Stäbchen – hat von hier aus die Welt erobert. Das Denkmal auf dem Friedhof zeigt sein Reliefbildnis, seine Spielgaben und das Leitmotiv seines Handelns: »Kommt, laßt uns unseren Kindern leben!« Und wenn heute Kinder und Erwachsene dem damals durchaus nicht so ernstgenommenen Anwalt der Kinder Blumen bringen und ihn ehren, so drückt dies wohl am besten den Wandel aus, der sich bis zu unserem Hier und Heute vollzogen hat: den Wandel zu einer menschlichen, dem Menschen dienenden Gesellschaft.